Alma September

Originalausgabe

1.Auflage 2012

© 2012 bei Alma September Herausgeber: Hatice
Özcelik Alle Rechte vorbehalten. Kein Teil des Werkes
darf in irgendeiner Form (durch Fotografie, Mikrofilm
oder ein anderes Verfahren) ohne schriftliche
Genehmigung des Herausgebers reproduziert oder
unter Verwendung elektronischer Systeme verarbeitet,
vervielfältigt oder verbreitet werden. Bibliografische
Information der Deutschen Nationalbibliothek: Die
Deutsche Nationalbibliothek verzeichnet diese
Publikation in der Deutschen Nationalbibliografie;
detaillierte bibliografische Daten sind im Internet über
http://dnb.d-nb.de abrufbar.

Umschlaggestaltung & Fotografie: Hatice Özcelik

© 2012 Herstellung und Verlag: Books on Demand
GmbH, Norderstedt
ISBN: 978-3-8482-2063-2

aus Gründen

bevor ein tag sich dem ende neigt,
erkennen viele menschen,
das auch dieser wichtig genug war,
um vom kalender abgerissen zu werden.

weder ein soll,
noch ein muss,
sollte unser leben beherrschen.

die geräusche bei nacht,
gewinnen an unheimlichkeit zu,
so lange wir ihnen gehör schenken.

erfahrungen sind ein teil von uns und werden dann
zu einer geschichte,
wenn wir es schaffen,
sie zu überleben.

entfache erst das feuer in dir,
bevor du wagst,
das „Ich" eines anderen anzuzünden.

im leben gibt es kurze augenblicke nur,
wenn man von den langen davon laufen möchte.

nichts ist so verwundbar wie die seele,
der schmerz ist unverkennbar,
man sieht es nur dann,
wenn die augen für immer geschlossen bleiben.

die liebe ist eins unverwechselbar gewesen,
bis die masse, das angebot überbot.

lass mich in dem augenblick zu dir aufschauen,
wenn du die sicherheit, die du mir geben möchtest,
in dir spürst.

ich habe selten erwartungen an mich gehabt,
doch je mehr ich menschen begegne,
die unfähig sind erwartungen deutlich
auszusprechen,
werden meine, in meinem kopf immer konkreter.

das leid der anderen,
ist weder ein trostpflaster für mein seelenpain,
noch ermutigt es mich nach vorne zu schauen.

ich habe die angst in mir zu spüren begonnen,
als ich die ersten atemzüge in dieser kalten welt
gemacht habe.

gebe mir die hand,
die ich umschliessen und vielleicht mit dem nötigen
mut nie wieder los lassen will.

jeden morgen bin ich suchend in mir unterwegs,
denn auch eine seele kann hungernd in einer ecke
stehen.

ich bin ein experiment von gott und nicht von
meinen eltern,
ich kenne weder den grund, noch den sinn,
bin jedoch bereit,
danach zu suchen.

menschen sollten ihre schlechte seite nicht
verstecken,
es würde für alle um sie herum ein leichtes sein,
mit ihnen umzugehen.

es wird jemanden geben, egal wer und wann,
der das geschriebene verstehen,
verinnerlichen und weitergeben wird.

ich finde weder den topf, noch bin ich der passende
deckel,
ich bezeichne mich als die verkörperung meiner
seele,
dessen sprache ich noch entdecken will.

wenn ich das leid der tiere auf dieser welt
schwächen könnte,
in dem ich lügende menschen entlarve,
würde ich es als meine lebensaufgabe sehen und
keinen augenblick mehr schlafen können.

weder die freunde die man einst hatte, noch die die
es nicht wagen in mein leben einzutreten,
haben mir je die chance gegeben,
mich zu zeigen wie ich in wirklichkeit bin.

sei die geliebte in mir, der ich weder etwas
erzählen,
noch etwas erklären muss.

auf der suche nach liebe,
bin ich erwacht.

spanne die seiten deines instruments,
lass uns einstimmen,
in das lied, das den abschied ankündigen soll.

viele jahre sind vergangen,
selten habe ich an dich gedacht,
verzeih mir.

es ist zeit an wunder zu glauben,
nur weiss ich nicht,
wann genau ich aufpassen soll um jene nicht zu
verpassen.

meine seele ist offen,
für all die melodien,
die ich hören und aus denen ich mich nähren
möchte.

gedanken sind nicht nur dazu da,
um niedergeschrieben zu werden, sie sind ein teil
der sprache,
dessen tonart schwierig zu finden ist.

und wenn ich mir eines tages das herz brechen
sollte,
dann nur, weil ich den mut nicht gehabt habe,
meine träume anzupacken und diese zu
verwirklichen.

ich habe das bild einer perfekten welt in mir nie
getragen.

manche geschichten von uns treffen sich in der
mitte des lebens,
die einzigartigkeit dieser, macht den mensch aus.

drum sei mein freund, mein begleiter bei tag und
bei nacht,
denn diese wege, durschreitet man gemeinsam
mit mut und bedacht.

gewähr mir den raum, die hoffnungslosigkeit zu
leben,
damit ich den wert, den ich in meinen händen halte,
nicht im übermut vergessen kann.

die dunkelheit, erweist sich als guter freund meines
gebrochenen herzens,
denn selten war die schweigsamkeit so laut und
verständnisvoll wie im
jetzt.

leben,
ein monumentbauwerk,
dessen ende nicht in sicht ist.

einsamkeit ergreift erst dann von uns besitz,
wenn wir die augen vor dem verschliessen,
was wir längst wissen.

der geist schreit, wenn der körper nicht mehr
sprechen kann.

gnadenlos ist dein erschaffen,
vollkommen deine sprache,
konsequent dein handeln,
gebrochen,
das leben in dir.

ich habe geträumt zu den großen zu gehören,
bis ich lernte mit dem kleinen glücklich zu sein.

das eigene ICH,
soll atmen,
es soll gedeihen,
es soll leben

meine persönlichkeit, ist weder ein maßanzug
meiner eltern, noch von der gesellschaft.

das leben, hat wahrhaftig viele seiten, welche von
ihnen kennst du?
und wer bist du?

ich öffne die tür, es liegt an dir,
ob du in meine welt herein schreiten willst.

die lebendigkeit in und um uns herum,
wird niemals aufhören,
solange wir einander ansehen.

im leben des anderen, kann auch ein kurzer
augenaufschlag spuren hinterlassen.

ich erhebe meine stimme,
ich erhebe sie,
um die freiheit meiner stimme zu demonstrieren.

I

ich bin gestrandet, an einem ort,
wo die menschen mir das herz brechen.

die suche nach sich beginnt erst, wenn die zeit
unüberbrückbar zu sein scheint.

ich prangere jene an, die wagen,
sich über den geist in sich stehen zu wollen.

wir reden die selbe sprache,
jedoch erkennen wir nicht die bedeutung der
gesagten worte.

in meinem herzen entstehen neue bilder,
fast wie ausversehen.

ich habe stift und papier,
ich besitze geist und verstand.

menschen zerstören voller übermut jene,
die aufrichtig und ehrlich mit ihnen sind.

wenn meine träume, die brücken zu dir erbauen,
dann bin ich bereit,
die augen zu schließen.

das begehren von jedem einzelnen menschen,
ist das wahre empfinden seiner selbst.

wenn ich zärtlich die konturen deiner lippen
berühre,
keimt in mir die hoffnung von leben auf.

wenn einsmkeit sovele facetten besitzt,
wieviele sind es in der zweisamkeit?

ich habe die schienen, für die last, die du trägst
gelegt.
du entscheidest, wann die fahrt beginnen soll.

die schatten der nacht, teilen die ängste in dir.

auf der suche nach sich selbst,
ist dem menschen nicht klar, warum er davon
abgekommen ist.

weitere bücher:

GedankenTrunk

heimweh

www.alma-september.de